ΠΕΙΣΤΙΚΗ ΣΕ ΚΑΘΕΚΑΤΑΣΤΑΣΗ

Πώς η δεξιότητα της πειθούς μπορεί να σας βοηθήσει να αναπτύξετε την καριέρα σας

ΠΕΙΣΤΙΚΗ ΣΕ ΚΑΘΕ ΚΑΤΑΣΤΑΣΗ

Πώς η δεξιότητα της πειθούς μπορεί να σας βοηθήσει να αναπτύξετε την καριέρα σας

γραμμένο από Christophe Peiffer
μεταφρασμένο από Lina Sideris

ΠΕΙΣΤΙΚΗ ΣΕ ΚΑΘΕ ΚΑΤΑΣΤΑΣΗ

- **Πρόβλημα;** Ποιες τεχνικές και στρατηγικές θα πρέπει να εφαρμοστούν για να κερδίσουν έναν υποψήφιο, μια ομάδα ή ένα ακροατήριο μέσα σε λίγα λεπτά;

- **Χρησιμότητα;** Η επιρροή χωρίς χειραγώγηση είναι μια συγκεκριμένη τέχνη και ένα αδιαμφισβήτητο πλεονέκτημα στον επαγγελματικό κόσμο αλλά και στην καθημερινή ζωή.

- **Επαγγελματικό πλαίσιο ?** Διαπραγμάτευση, συμμετοχή σε έργα, διαχείριση συγκρούσεων, αναζήτηση εργασίας, αίτηση δανείου, επαγγελματικές σχέσεις.

- **ΣΥΧΝΕΣ ΕΡΩΤΗΣΕΙΣ ?**

  - Ποια είναι τα βασικά στοιχεία για ένα επιτυχημένο επιχείρημα;

  - Πώς πρέπει να ενεργήσω για να αποφύγω να θεωρηθώ ως χειραγωγός;

  - Ποια στάση πρέπει να υιοθετώ όταν επιχειρηματολογώ;

  - Ποια είναι Η ασταμάτητη τεχνική για να πείσετε κάποιον;

  - Πόσο καιρό θα μου πάρει να μάθω να πείθω;

  - Ποιες είναι οι παγίδες που πρέπει να αποφύγω αν θέλω να πείσω κάποιον;

  - Δεν έχω καταφέρει να πείσω τον συνομιλητή μου, πρέπει να τα παρατήσω;

  - Τι είδους επιχειρήματα μπορώ να χρησιμοποιήσω;

Περνάμε τη ζωή μας προσπαθώντας να πείσουμε τους άλλους. Από το δυναμικό νεαρό στέλεχος που προσπαθεί να πάρει αύξηση, μέχρι τον γονέα που προσπαθεί να τακτοποιήσει το δωμάτιο του παιδιού του, μέχρι τον φρεσκοαποφοιτημένο φοιτητή που προσπαθεί να βρει δουλειά στην εταιρεία που θέλει, η καθημερινή ζωή είναι γεμάτη από καταστάσεις στις οποίες η καλή επιχειρηματολογία είναι απαραίτητη. Η γνώση του τρόπου χειρισμού αυτού του εργαλείου με δεξιότητα και ηθική μπορεί να αποτελέσει σημαντικό πλεονέκτημα τόσο στην επαγγελματική όσο και στην προσωπική ζωή.

Ωστόσο, ενώ για κάποιους ανθρώπους η πειθώ είναι δεύτερη φύση – θα νοίκιαζαν τα οφέλη ενός καταψύκτη σε Εσκιμώους! -Για άλλους, το να πάρουν ένα ποτήρι νερό σε ένα μπαρ στη μέση της ερήμου είναι αδύνατο. Υπάρχουν όμως κάποιες βασικές αρχές που θα σας βοηθήσουν να υποστηρίξετε αυτό που θέλετε. Αυτά τα βασικά στοιχεία περιλαμβάνουν τόσο δεξιότητες όσο και συμπεριφορές. Ο λεπτός συνδυασμός αυτών των δύο πυλώνων σχέσεων θα σας δώσει ένα σημαντικό πλεονέκτημα σε κάθε κατάσταση όπου θέλετε να κερδίσετε ένα άτομο, μια ομάδα ή ένα κοινό.

Μέσα σε 50 λεπτά, ανακαλύψτε όλα τα κόλπα για να καλλιεργήσετε την άνεση και τη ρευστότητα του λόγου σας, ώστε να πείθετε, σε οποιαδήποτε κατάσταση. Ετοιμαστείτε να αφήσετε τον Steve Jobs (ιδρυτή της Apple και σπουδαίο Αμερικανό ομιλητή, 1955-2011) μέσα σας να εκφραστεί!

ΤΑ ΒΑΣΙΚΑ ΤΗΣ ΠΕΙΣΤΙΚΗΣ ΟΜΙΛΙΑΣ

ΜΕΡΙΚΕΣ ΒΑΣΙΚΕΣ ΕΝΝΟΙΕΣ

Πείσμα *έναντι* χειραγώγησης

Ένας από τους εγγενείς κινδύνους της πειστικής επιχειρηματολογίας είναι η λεπτή γραμμή της με τη χειραγώγηση. Αν αυτή η σκέψη σας έχει ήδη περάσει από το μυαλό, είναι ένα καλό σημάδι ότι αναρωτιέστε για κάποια μορφή ηθικής σε αυτή την άσκηση. Πού είναι τα όρια και των δύο; Πόσο εύκολο είναι να γλιστρήσετε στη χειραγώγηση, και αν ναι, πώς προφυλάσσεστε από αυτήν; Από τον ίδιο τους τον ορισμό, οι δύο αυτοί όροι παραμένουν δυνητικά δύσκολο να διακριθούν μεταξύ τους.

- **Πείσουμε: να πείσουμε κάποιον να** υιοθετήσει τη γνώμη μας χρησιμοποιώντας συναισθήματα.

- **Χειραγωγήστε**: να κατευθύνετε κάποιον με ύπουλο τρόπο, να τον επηρεάζετε όπως θέλετε.

 ## ΝΑ ΣΗΜΕΙΩΘΕΙ

Η πειθώ και η πειθώ αποτελούν μέρος της επιχειρηματολογίας. Η πειθώ περιλαμβάνει συναισθήματα, ενώ η πειθώ περιλαμβάνει τη λογική, την ανάλυση και την κριτική σκέψη. Για να επιχειρηματολογήσετε αποτελεσματικά, θα πρέπει να χρησιμοποιούνται παράλληλα και οι δύο προσεγγίσεις.

Υπάρχει, ωστόσο, μια πτυχή που κάνει όλη τη διαφορά: ο στόχος που επιδιώκεται. Στη χειραγώγηση, ο στόχος είναι να ελιχθεί ένα άτομο χωρίς να το συνειδητοποιήσει, προς το αποκλειστικό συμφέρον του χειραγωγού. Αντίθετα, η πειστική επιχειρηματολογία σημαίνει, ενδεχομένως, και αντεπιχειρήματα. Στη συνέχεια, πρόκειται για μια συζήτηση ιδεών, όπου ο καθένας από τους ηθοποιούς έχει τα χαρτιά στα χέρια του για να πείσει τον άλλον για την εγκυρότητα της γνώμης του, αν τα παίξει καλά.

Οι τεχνικές για αυτούς τους δύο τρόπους επικοινωνίας είναι πολύ παρόμοιες, αν όχι πανομοιότυπες, καθώς περιλαμβάνουν τα ίδια εργαλεία. Το σημαντικό είναι πώς τα χρησιμοποιείτε. Ας πάρουμε την εικόνα ενός μαχαιριού για να καταδείξουμε αυτό το σημείο: αν δώσετε αυτό το αιχμηρό εργαλείο σε έναν σεφ σταρ, θα σας μαγειρέψει ένα υπέροχο γεύμα- βάλτε το όμως στα χέρια ενός ψυχοπαθή... και να είστε προετοιμασμένοι να τρέξετε να σωθείτε. Αυτό που διαφέρει εδώ είναι οι στόχοι.

Λόγος, πάθος, ήθος

> *"Οι αποδείξεις που ενυπάρχουν στην ομιλία είναι τριών ειδών: άλλες κατοικούν στον ηθικό χαρακτήρα του ομιλητή, άλλες στη διάθεση του ακροατηρίου και άλλες στην ίδια την ομιλία, όταν είναι αποδεικτική ή φαίνεται να είναι τέτοια".* (ΑΡΙΣΤΟΤΕΛΗΣ, Η ρητορική, CreateSpace Independent Publishing Platform, FB Editions, 2015, σ. 9)

Σε ένα βιβλίο για την πειστική επιχειρηματολογία, είναι αδύνατο να μην αναφερθεί το τρίποδο που αποτελεί τη βάση της πειθούς: λόγος, πάθος και ήθος. Αυτοί οι τρεις θεμελιώδεις πυλώνες της επιχειρηματολογίας αποτελούν ακόμη και σήμερα την τέχνη της ρητορικής, αν και η έννοια δεν είναι καινούργια, αφού ξεκίνησε στην αρχαιότητα από διάσημους ρήτορες όπως ο Πλάτων (Έλληνας φιλόσοφος, περίπου 428-περίπου 348 π.Χ.), ο Δημοσθένης (Έλληνας φιλόσοφος, περίπου 348 π.Χ.) και ο συγγραφέας του βιβλίου "Η τέχνη της πειθούς".), ο Δημοσθένης (Αθηναίος πολιτικός, 384-322 π.Χ.), ο Αριστοτέλης (Έλληνας φιλόσοφος, 384-322 π.Χ.) και ο Κικέρων (Ρωμαίος πολιτικός, 107-43 π.Χ.).

* **Ο Λόγος** αφορά την ίδια την επιχειρηματολογία, δηλαδή το περιεχόμενο του λόγου που αφορά τη διάνοια. Περιλαμβάνει το σκεπτικό και τη λογική της σκέψης του ομιλητή. Βασίζεται σε περιστασιακά γεγονότα, συγκεκριμένα στοιχεία, στατιστικές, αριθμούς κ.λπ.

👁 ΠΑΡΑΔΕΙΓΜΑ

Κύριε, ορίστε ο φάκελος στον οποίο βασίζω την αίτησή μου για τη θέση Χ. Μπορείτε να δείτε ότι τα αποτελέσματά μου για ένα έτος είναι αυξημένα κατά 20% και ότι τα κέρδη της εταιρείας ήταν 8%. Έμαθα από τον συνεργάτη σας ότι ο Dubois θα μετακινηθεί σύντομα σε μια διεθνή θέση. Συνεργαζόμαστε εδώ και πέντε χρόνια και πρέπει να κοιτάξω την ευρύτερη εικόνα. Ο Ρίτσαρντ Μπράνσον (Άγγλος επιχειρηματίας, γεννημένος το 1950) συνήθιζε να λέει ότι οι ευκαιρίες είναι σαν τα λεωφορεία: πάντα έρχεται μια άλλη. Προσωπικά, θέλω να επιβιβαστώ σε αυτό που οδηγείτε και να πάρω τη θέση που θα μείνει κενή στην επόμενη στάση.

- **Το πάθος** επικεντρώνεται στο κοινό. Είναι το μέρος ενός επιχειρήματος που απευθύνεται στα συναισθήματα του ομιλητή. Όλες οι λέξεις, οι φράσεις ή τα ανέκδοτα χρησιμοποιούνται με μοναδικό στόχο την ενεργοποίηση πρωτογενών ή δευτερογενών συναισθημάτων: φόβος, χαρά, θυμός, θλίψη, αηδία, έκπληξη, ενδιαφέρον, ελπίδα, οίκτος, θαυμασμός κ.λπ. Η συντριπτική πλειονότητα των σημερινών μέσων ενημέρωσης λειτουργεί με αυτόν τον τρόπο υπερβάλλοντας το πάθος κατά τη μετάδοση των προγραμμάτων τους: τα πάντα ή σχεδόν τα πάντα γίνονται για να συνδέσουν τα μηνύματά τους απευθείας με τις συναισθηματικές ίνες των τηλεθεατών, χωρίς να περάσουν από τη στοχαστική ανάλυση (λόγος).

- **Το ήθος** βασίζεται στον ομιλητή που εκφωνεί την ομιλία και αποσκοπεί στο να προκαλέσει θετική εντύπωση στον ακροατή ή στο ακροατήριο. Αυτό περιλαμβάνει τη φήμη, την παρουσία, το χάρισμα, το ιστορικό και τις δημοσιεύσεις. Στην τέχνη της πειθούς, αυτός είναι ο πιο χρονοβόρος πυλώνας για να χτιστεί. Πράγματι, η φήμη απαιτεί χρόνο και συνέπεια, καθώς και ένα συγκεκριμένο ήθος. Αν δεν έχετε την αξιοπιστία ενός ειδικού, επικεντρωθείτε στην προσωπικότητα και το χάρισμά σας για να κερδίσετε την εμπιστοσύνη του κοινού σας.

👁 **ΠΑΡΑΔΕΙΓΜΑ**

Σκεφτείτε έναν τομέα που σας ενδιαφέρει, όποιος κι αν είναι αυτός (ένας σκοπός, ένα προϊόν, μια υπηρεσία της εταιρείας σας ή ένα άθλημα). Ποιο είναι το πρόσωπο που πιστεύετε ότι την αντιπροσωπεύει καλύτερα; Προσκαλέστε μερικούς γνωστούς σας που ενδιαφέρονται για τον ίδιο τομέα να παίξουν αυτό το παιχνίδι. Αν οι απαντήσεις τους συγκλίνουν σε ένα άτομο, είναι πιθανό ότι αυτό έχει το ήθος που παρουσιάζουμε εδώ.

Τελικά, για να πείσετε αποτελεσματικά μέσω της πειστικής επιχειρηματολογίας :

- να δημιουργήσετε μια αναγνωρισμένη και σεβαστή εικόνα στον τομέα που επιλέξατε,

- να ξέρετε πώς να διεκδικείτε τα συναισθήματα των συνομιλητών σας,

- ενώ αποδεικνύετε με το Α + Β ότι η άποψή σας είναι λογική.

ΠΡΟΕΤΟΙΜΑΣΙΑ ΤΟΥ ΕΔΑΦΟΥΣ

Οργανώστε το επιχείρημά σας

Πιστεύετε ότι οι μεγάλοι ρήτορες φτάνουν στο βήμα τους με στόμφο για να εκφωνήσουν τους λόγους τους και να ενθουσιάσουν τα πλήθη; Πιστεύετε ότι οι καλεσμένοι στις τηλεοπτικές εκπομπές που ασχολούνται με την επικαιρότητα έρχονται μόνο με την τεχνογνωσία και την εμπειρία τους; Δεν το κάνουν. Κάθε καλή παρουσίαση πρέπει να είναι καλά προετοιμασμένη, αν θέλετε να είναι πειστική, για διάφορους λόγους:

- Δομήστε την ομιλία σας και δημιουργήστε ένα κοινό νήμα,

- να επισημάνετε τα βασικά σημεία,

- πηγαίνετε στο ουσιώδες αφαιρώντας το περιττό ,

- να διαμορφώσετε ορισμένες φράσεις έτσι ώστε να φτάσουν στο στόχο σας,

- να έχετε καθαρό μυαλό την ώρα της παράστασής σας και έτσι να διατηρήσετε την ενέργειά σας για τη διαχείριση του σκηνικού φόβου και των απρόβλεπτων γεγονότων,

- να σας δώσει αυτοπεποίθηση.

Η πειστική επιχειρηματολογία σας δεν μπορεί να βασίζεται στον αυτοσχεδιασμό. Για να το προετοιμάσετε αποτελεσματικά, ακολουθήστε τα παρακάτω βασικά βήματα:

- προσδιορίστε την ανάγκη του ατόμου ή της ομάδας που θέλετε να πείσετε,

- να προτείνει μια κατάλληλη λύση για την ανάγκη αυτή,

- να προβλέψετε τα πιθανά οφέλη για τον συνομιλητή σας,

- να εντοπίζετε και να απαντάτε σε τυχόν αντιρρήσεις,

- εντοπίστε τις ιδιότητες και τα δυνατά σας σημεία.

⊙ ΣΥΜΒΟΥΛΗ ΤΟΥ ΠΡΟΠΟΝΗΤΗ

Εξασκηθείτε μπροστά στον καθρέφτη και στη συνέχεια διορθωθείτε και κάντε πρόβα μπροστά σε φίλους και συγγενείς. Βελτιώστε ξανά την ομιλία σας και προσπαθήστε ξανά. Ένα πειστικό επιχείρημα πρέπει να εκφέρεται με ευχέρεια και ενέργεια. Καθώς εξασκείστε, θα γίνει μέρος του εαυτού σας και θα σας είναι πιο εύκολο να το παραδώσετε.

Αδράξτε την κατάλληλη στιγμή: *kaeros*

Στην αρχαία Ελλάδα εμφανίστηκε η έννοια της "κατάλληλης στιγμής", την οποία οι Έλληνες ονόμασαν *kairos*. Ο Pierre Aubenque (Γάλλος φιλόσοφος, γεννημένος το 1929) αναφέρεται σε αυτήν ως "σύμπτωση της ανθρώπινης δράσης και του χρόνου, η οποία καθιστά τον χρόνο ευνοϊκό και την δράση καλή". (*La prudence chez Aristote*, Παρίσι, PUF, 1963, σ. 96-97)

Όταν πρέπει να πείσετε κάποιον, γνωρίζοντας πώς να εκμεταλλευτείτε τη σωστή ευκαιρία για να συνδεθείτε μαζί του, θα αυξήσετε τις πιθανότητες επιτυχίας σας. Όπως ένας σέρφερ που πιάνει το κύμα την κατάλληλη στιγμή, η ικανότητά σας να αντιλαμβάνεστε την κατάλληλη στιγμή θα κάνει τη διαφορά. Πώς θα το κάνετε λοιπόν;

Αν υποθέσουμε ότι υπάρχει *kairos*, μπορούμε λογικά να συμπεράνουμε ότι υπάρχουν και ακατάλληλοι χρόνοι. Με άλλα λόγια, είναι είτε πολύ νωρίς είτε πολύ αργά. Οι ειδικοί στη χρονική αμηχανία βρίσκονται εκατέρωθεν της ευνοϊκής στιγμής κατά την οποία η δράση είναι η πλέον κατάλληλη.

- **Πριν από το kairos:** βρίσκουμε τους μεγάλους παθιασμένους συναισθηματικούς, πολύ πρόθυμους να δράσουν για να συγκρατηθούν. Μέσα στη βιασύνη τους, προσπαθούν να πείσουν γρήγορα τον συνομιλητή τους... και το μόνο που καταφέρνουν είναι να αποτύχουν.

- **Μετά τον καερό:** η βραδύτητα και η έλλειψη εμπιστοσύνης των αναποφάσιστων συνήθως τους κάνει να χάνουν το πλοίο. Τότε δεν έχουν άλλη επιλογή από το να αφήσουν την ευκαιρία να περάσει.

Έτσι, οι δύο κύριοι δρόμοι που πρέπει να εξερευνήσετε για να βελτιώσετε τη χρονική σας φινέτσα και να αυξήσετε τις πιθανότητες να ενεργήσετε την κατάλληλη στιγμή για να πείσετε τον συνομιλητή σας είναι οι εξής

- μάθετε να ρυθμίζετε τα συναισθήματά σας και να είστε υπομονετικοί,

- πιστέψτε στον εαυτό σας, ώστε να μη διστάζετε πλέον όταν σας δίνεται η ευκαιρία να δράσετε.

ΣΠΟΡΑ ΤΩΝ ΣΠΟΡΩΝ

Εδώ είναι το σημείο όπου όλα αρχίζουν: αφού προετοιμαστείτε, πρέπει να είστε σε θέση να διευκολύνετε τον συνομιλητή σας, ώστε να είναι σε θέση να ακούσει το σκεπτικό σας. Θα αναπτύξουμε μερικές συμβουλές για να σπείρουμε τους σπόρους μιας καλής σχέσης.

Συγκεντρώνοντας τον εαυτό σας με την κατάσταση C.O.A.C.H.

Η επικέντρωση είναι ένα πολύ σημαντικό στοιχείο που συχνά παραμελείται από τους περισσότερους ανθρώπους που πρόκειται να πείσουν κάποιον. Περισσότερο από μια απλή στιγμή συγκέντρωσης, σας επιτρέπει να συμμετέχετε 100% και να εστιάζετε σε όλα τα στοιχεία που υπάρχουν στη σχέση μεταξύ εσάς και του συνομιλητή σας. Είναι μια αντανάκλαση του καλύτερου εαυτού σας- αντιπροσωπεύει τη ζώνη αριστείας σας. Θυμηθείτε το ακόλουθο ακρωνύμιο για να εφαρμόσετε αυτή την εσωτερική κατάσταση στην πράξη:

- **Εστιάστε στην** κατάσταση, στο πρόσωπο με το οποίο μιλάτε, στις αισθήσεις σας, στην αναπνοή σας και στην παρούσα στιγμή,

- **Ανοιχτή** στις άπειρες δυνατότητες που σας ανοίγονται, στα επιχειρήματα του συνομιλητή σας και στις λύσεις που προκύπτουν,

- **Συνοδεύοντας με συνείδηση**, με προσοχή στο πρόσωπο που είναι ο συνομιλητής σας, πέρα από τα φαινόμενα και τις προκαταλήψεις,

- **Συνδεθείτε** με τον συνομιλητή σας, με τον εαυτό σας, με τη σχέση σας και με όλα τα στοιχεία που συνθέτουν το κοινό σας περιβάλλον,

- **Νοσοκομείο**, καθιστώντας τον χώρο ασφαλή από σχεσιακής άποψης και όντας έτοιμοι να υποδεχτούν όλα τα απροσδόκητα γεγονότα.

Συγχρονισμός

Ο συγχρονισμός σας επιτρέπει να προσαρμόζεστε στα διαφορετικά στυλ επικοινωνίας των ατόμων και να συντονίζεστε με την αντίληψη του άλλου ατόμου για τον κόσμο, μέσω των χειρονομιών, των λέξεων και του τόνου της φωνής του. Τότε μπαίνετε σε μια σχέση ασυνείδητης εμπιστοσύνης: "Είμαι σαν εσάς, κινούμαι, μιλάω σαν εσάς και αισθάνομαι τα ίδια πράγματα με εσάς- είμαι σύμμαχός σας, δεν έχετε τίποτα να φοβηθείτε, απλώς προσπαθώ να σας καταλάβω". Να θυμάστε το πάθος: το να ενεργείτε θετικά στα συναισθήματα του συνομιλητή σας θα σας δώσει πλεονέκτημα στην επιχειρηματολογία σας. Ταυτιζόμενοι μαζί σας, θα πειστούν πιο εύκολα από αυτά που λέτε.

👁 ΧΡΗΣΙΜΕΣ ΔΙΕΥΚΡΙΝΙΣΕΙΣ

Ο συγχρονισμός δεν σημαίνει απενεχοποίηση. Πρόκειται για την υιοθέτηση μιας φυσικής στάσης που μπορεί να ενισχυθεί ή να κατευθυνθεί, παραμένοντας παράλληλα σεβαστή, προκειμένου να στείλετε ένα μήνυμα καλωσορίσματος (ένα ασυνείδητο μήνυμα που δείχνει την καλοσύνη σας).

Υπάρχουν διάφοροι τύποι συγχρονισμού:

- **μη λεκτική**, κατά την οποία υιοθετεί κανείς τις χειρονομίες του συνομιλητή του, τη στάση του σώματός του, τις μικροεκφράσεις ή τη μίμησή του, την αναπνοή του (η τελευταία είναι ο ιδανικός συγχρονισμός, αλλά και ο πιο δύσκολα επιτεύξιμος),

- **παρα-λεκτικά**, με την προσαρμογή στη φωνή, δηλαδή στον τονισμό, τον ρυθμό, το ηχόχρωμα, τη ροή και την ένταση,

- **λεκτικός**, σχετικός με τη δομή της ομιλίας. Χρησιμοποιείται το ίδιο λεξιλόγιο και οι προτάσεις οργανώνονται με παρόμοιο τρόπο,

- **Στην εσωτερική κατάσταση**, το ζήτημα είναι να λαμβάνουμε υπόψη τα συναισθήματα του άλλου ατόμου, τα συναισθήματά του, τις εμπειρίες του και τις ερμηνείες του για την κατάσταση. Ενώ είστε αποστασιοποιημένοι, το σιωπηρό μήνυμα είναι: "Καταλαβαίνω, είμαι σαν εσάς. Επομένως, μιλήστε με ενθουσιασμό σε κάποιον που είναι παθιασμένος ή σε επαγγελματικό τόνο αν το άτομο είναι επιφυλακτικό.

Φυσικά, ο συγχρονισμός απαιτεί πρώτα απ' όλα να ακούτε τον άλλον.

Ακούστε πριν επιχειρηματολογήσετε

Το μυστικό αυτών που πείθουν εύκολα είναι απλό: ακούνε τον άνθρωπο που έχουν απέναντί τους. Αν έπρεπε να θυμάστε μόνο μία τεχνική, αυτή θα ήταν η εξής. Δεν πρόκειται για ακρόαση με αφηρημένο αυτί, που σκέφτεται το επόμενο παιχνίδι σκουός ή την τελευταία σας έξοδο, αλλά για πλήρη συγκέντρωση στο πρόσωπο με το οποίο μιλάτε. Ακολουθήστε αυτούς τους έξι χρυσούς κανόνες για καλή, ενεργή ακρόαση:

- **Να είστε περίεργοι για το πρόσωπο με το οποίο μιλάτε**. Αυτός ή αυτή θα σας δώσει όλες τις πληροφορίες που χρειάζεστε για να σας βοηθήσει να αντιμετωπίσετε τα απρόοπτα κατά τη διάρκεια της διαφωνίας σας,

- Επομένως, **κάντε ερωτήσεις** σχετικά με τα ενδιαφέροντά τους, τις ανάγκες τους, τι βιώνουν αυτή τη στιγμή,

- **Επαναδιατυπώστε αυτά που σας είπαν** για να δείξετε ότι τους ακολουθήσατε ή αν δεν είστε σίγουροι ότι καταλάβατε κάτι σωστά. Ζητήστε διευκρινίσεις. Στη συνέχεια, θα προχωρήσουν περισσότερο στο μοίρασμά τους,

- Κουνήστε το κεφάλι σας και δώστε λεκτική επιβεβαίωση ("ναι, καταλαβαίνω", "υποθέτω"). Αυτό δείχνει την ετοιμότητα και την αποδοχή των όσων σας λένε,

- **Αφήστε τους να τελειώσουν όλες τις προτάσεις τους** και περιμένετε μέχρι να φτάσει η μπάλα στο δικό σας γήπεδο πριν μιλήσετε. Δεν υπάρχει τίποτα χειρότερο για κάποιον που εκφράζει τις σκέψεις του από το να τον κόβουν,

- **Έχετε κατά νου τα στοιχεία που είναι σημαντικά για τον συνομιλητή σας.** Στη συνέχεια, μπορείτε να βασιστείτε σε αυτό όταν έρθει η σειρά σας να παρουσιάσετε την υπόθεσή σας.

 ΤΟ ΗΞΕΡΕΣ ΑΥΤΟ;

Γιατί έχουμε δύο αυτιά και ένα στόμα; Να ακούμε δύο φορές περισσότερο απ' όσο μιλάμε!

Χρησιμοποιώντας τη δύναμη του χαμόγελου

Το χαμόγελο μπορεί να αλλάξει ριζικά την αντίληψη του συνομιλητή σας απέναντί σας και να βελτιώσει την ποιότητα της σχέσης σας. Πράγματι, μεταδίδει ένα ασυνείδητο σήμα στο άτομο που το λαμβάνει, το οποίο θα μπορούσε να μεταφραστεί ως: "Δεν θέλω να σου κάνω κακό, δεν έχεις τίποτα να φοβηθείς από μένα".

Αυτή η μορφή μη λεκτικής επικοινωνίας απευθύνεται άμεσα στα ένστικτά μας και στο υποσυνείδητό μας. Έτσι, σε ένα πλαίσιο όπου ένα άτομο είναι τεταμένο, το γεγονός ότι συναντά ένα χαμογελαστό άτομο μπορεί να μειώσει σημαντικά το επίπεδο άγχους του. Εν ολίγοις, ένα απλό χαμόγελο κατά τη διάρκεια μιας διαφωνίας θα καθησυχάσει τον συνομιλητή σας, θα σας τοποθετήσει σε μια ελκυστική στάση και θα συμβάλει στην καλή εξέλιξη της σχέσης.

Ωστόσο, υπάρχει μια συγκεκριμένη περίπτωση όπου το χαμόγελο δεν λειτουργεί και μπορεί να έχει ακόμη και το αντίθετο αποτέλεσμα: το εμπορικό χαμόγελο. Όχι ότι όλοι οι πωλητές χρησιμοποιούν το ίδιο, αλλά μπορεί να κάνει το άτομο να φύγει ή να νιώσει άβολα. Ένα πραγματικό χαμόγελο συνήθως έχει ως αποτέλεσμα την εμφάνιση μικρών ρυτίδων στις γωνίες των ματιών. Διαφορετικά, μόνο οι ζυγωματικοί μύες μπαίνουν στο παιχνίδι, γεγονός που αναπόφευκτα θα προκαλέσει δυσπιστία στο άλλο άτομο. Χαμογελάστε, ναι, αλλά από καρδιάς.

Δείχνοντας ενσυναίσθηση

Ο όρος "ενσυναίσθηση" προέρχεται από τη γερμανική λέξη *Einfuhlung* που σημαίνει "συναίσθημα εκ των έσω". Αναφέρεται σε ένα άτομο που προβάλλει τον εαυτό του στην κατάσταση του άλλου. Έκτοτε, ο ορισμός αυτός έχει εξελιχθεί μέσα από εργασίες σε διάφορα ερευνητικά πεδία, όπως η φιλοσοφία, η ψυχολογία και οι νευροεπιστήμες.

Σύμφωνα με τον Jean Decety (Γάλλος νευροβιολόγος, γεννημένος το 1960), ενσυναίσθηση είναι όταν ανταποκρινόμαστε συναισθηματικά στο συναίσθημα του συνομιλητή μας. Ωστόσο, σε ένα πλαίσιο όπου πρέπει να πείσουμε κάποιον, πρέπει να είμαστε σε θέση να διακρίνουμε αυτό που αισθάνεται το άτομο από αυτό που αισθανόμαστε εμείς και να ρυθμίζουμε τα δικά μας συναισθήματα προκειμένου να διατηρήσουμε τη σωστή στάση και να ελέγξουμε την κατάσταση.

Επίδειξη σύμπτωσης

Η εναρμόνιση αφορά την προσαρμογή των λόγων, των συναισθημάτων και των πράξεών μας στις προσωπικές μας αξίες και πεποιθήσεις. Η έννοια της σύμπτωσης ξεκίνησε από τον Αμερικανό ψυχολόγο και θεραπευτή Καρλ Ράνσομ Ρότζερς (1902-1987), την οποία εξηγεί ως εξής

Σε μια πειστική επιχειρηματολογία, το να είσαι σύμφωνος σημαίνει να ενσαρκώνεις την ομιλία που έχεις προετοιμάσει όσο το δυνατόν περισσότερο και να αποβάλλεις τις κοινωνικές μάσκες- ή, ακριβέστερα, να αποφεύγεις να βάλεις μία. Πιστεύοντας ότι είστε ειλικρινής και αυθεντικός, ο συνομιλητής σας θα νιώσει αυτοπεποίθηση και θα αποδεχτεί ευκολότερα την άποψή σας.

Ωστόσο, το να είσαι σύμφωνος δεν είναι εύκολη υπόθεση. Οι κοινωνικές μάσκες και οι συμβάσεις μας προσκολλώνται πάνω μας, εμποδίζοντας αυτή τη μορφή ειλικρίνειας. Η απαλλαγή από αυτά μπορεί να πάρει χρόνο και ενέργεια. Αυτές οι συμβουλές θα σας βοηθήσουν να ξεκινήσετε προς τη σωστή κατεύθυνση:

- **να πειστείτε και να πεισθείτε εσείς οι ίδιοι για την εγκυρότητα του επιχειρήματός σας.** Αυτό φαίνεται προφανές, αλλά αν έχετε την παραμικρή αμφιβολία για κάποιο από τα επιχειρήματά σας, μπορείτε να είστε σίγουροι ότι ο συνομιλητής σας θα το παρατηρήσει και θα παρέμβει χωρίς καθυστέρηση. Στη συνέχεια, μπορείτε να ξεχάσετε τον στόχο σας. Πριν ξεκινήσετε, προσπαθήστε να εντοπίσετε τα ελαττώματα στο επιχείρημά σας. Αφού τις εντοπίσετε, έχετε δύο επιλογές: είτε απλά παραιτείστε από την αποκάλυψή τους και δεν διατρέχετε τον κίνδυνο να αμφισβητηθούν, είτε τις ενισχύετε με τη δημιουργία πιθανών αντεπιχειρημάτων και την εξεύρεση τρόπων αντιμετώπισής τους,

Δώστε προσοχή στη μη λεκτική σας επικοινωνία. Αν θέλετε να πείσετε έναν εργοδότη να σας προσλάβει επιδεικνύοντας τον δυναμισμό και την καλή σας διάθεση, αποφύγετε να σκύβετε στην καρέκλα σας και να υιοθετείτε τη μίμηση ενός ληθαργικού ατόμου που πονάει. Αντ' αυτού, επιλέξτε μια όρθια στάση του σώματος, ευρείες, ρυθμικές κινήσεις, ένα πλατύ χαμόγελο (βλ. Χρήση της δύναμης του χαμόγελου) και μια ατσάλινη αισιοδοξία,

- **ποντάρετε στη διαφάνεια**, την αδελφή της σύμπτωσης. Αυτό αποδεικνύει ότι η κύρια αξία του επιχειρήματός σας είναι η ειλικρίνεια. Σήμερα, με το Διαδίκτυο, η εξαπάτηση των ανθρώπων είναι πιο περίπλοκη και η ανεντιμότητα μπορεί να οδηγήσει σε πολύ οδυνηρές αντιδράσεις και απώλεια της αξιοπιστίας. Έτσι, αντί να κάνετε τον πελάτη να πιστέψει ότι η αγορά του προϊόντος σας θα φέρει επανάσταση στη ζωή του και στο πορτοφόλι του, δώστε του μια τεκμηριωμένη περιγραφή των πλεονεκτημάτων και των μειονεκτημάτων του προϊόντος. Στη συνέχεια, ρωτήστε τον υποψήφιο για τα συναισθήματά του: θα λάβετε όλες τις πληροφορίες που χρειάζεστε για να καθοδηγήσετε την υπόλοιπη επιχειρηματολογία σας.

ΣΥΓΚΟΜΙΔΗ ΤΩΝ ΚΑΡΠΩΝ

Χάρη στις συμβουλές που αναφέρθηκαν παραπάνω, έχετε δουλέψει πάνω στο ήθος σας και έχετε καταφέρει να δημιουργήσετε έναν ιδιαίτερο δεσμό με τον συνομιλητή σας και να κερδίσετε την εμπιστοσύνη του. Έχετε δώσει νομιμοποίηση στην ομιλία σας. Τώρα είναι καιρός να αναπτύξετε τα επιχειρήματά σας και να παρουσιάσετε το όραμά σας για τα πράγματα.

Εκφράζοντας τις ανάγκες σας

Το να πείθεις κάποιον σημαίνει να προσπαθείς να τον κάνεις να υιοθετήσει την άποψή σου για μια κατάσταση, ένα έργο ή μια ιδέα, με άλλα λόγια να τον συσπειρώσεις υπέρ του σκοπού σου. Για να γίνει αυτό, αργά ή γρήγορα πρέπει να σταματήσετε τα προκαταρκτικά και να εκφράσετε τις ανάγκες σας. Γιατί αυτό το αυτονόητο βήμα γίνεται μόνο σε αυτό το στάδιο του επιχειρήματος; Δεν θα ήταν πιο αποτελεσματικό να ρωτήσετε τι θέλετε εκ των προτέρων; Όχι, γιατί αυτό θα ήταν σαν να τρέχετε σε αγώνα δρόμου 100 μέτρων χωρίς προθέρμανση: ο κίνδυνος μυϊκής διάτασης είναι κάτι παραπάνω από πιθανός. Η καλή διάθεση του συνομιλητή σας έχει εξυπηρετήσει αυτόν τον σκοπό, οπότε τώρα είναι που το αίτημά σας θα έχει τον μεγαλύτερο αντίκτυπο.

Αναπτύξτε τώρα την άποψή σας με σαφή και δομημένο τρόπο, χρησιμοποιώντας τόσο τον λόγο όσο και το πάθος για μεγαλύτερη αποτελεσματικότητα.

Να ξέρεις πώς να λυγίζεις σαν καλάμι χωρίς να σπάσεις

Αν ήταν εύκολο να πείσετε κάποιον, θα ήταν. Μπορεί να έχετε την καλύτερη προετοιμασία στον κόσμο, την πιο ρευστή και μεστή ομιλία και μια παρουσία που θα έκανε τους μεγαλύτερους ρήτορες να ωχριούν μπροστά της, αλλά δεν θα απαλλαγείτε από τις αναπόφευκτες ενστάσεις, βάσιμες ή μη, που θα θέσουν σε κίνδυνο την ομιλία σας επισημαίνοντας το στοιχείο που λείπει (στα μάτια τους). Αν ενεργήσετε με φινέτσα και συγχρονισμό σε τέτοιου είδους καταστάσεις, θα κερδίσετε περισσότερα εύσημα.

Ένα ουσιαστικό χαρακτηριστικό για την κατάκτηση της τέχνης της πειθούς είναι η ευελιξία σε σχέση με τις σχέσεις και τις καταστάσεις. *Αντιθέτως, η ψυχραιμία είναι ο εχθρός της πειθούς.* Η προσαρμογή στις περιστάσεις και στα άτομα είναι δυνατή με την κινητοποίηση ορισμένων πόρων που έχουμε περιγράψει μέχρι τώρα, όπως

- άνοιγμα σε αυτό που σκέφτεται και αισθάνεται ο άλλος,

- μη επικριτική ,

- Ενσυναισθητική ακρόαση.

Εκτός από αυτές τις ιδιότητες, υπάρχει και ένας άλλος θεμελιώδης πόρος: η απελευθέρωση. Αυτό μπορεί να φαίνεται παράδοξο όταν ο στόχος σας είναι ακριβώς να πείσετε τον άλλον να συμφωνήσει μαζί σας. Ωστόσο, το να αφεθείς δεν σημαίνει απαραίτητα παραίτηση ή συνθηκολόγηση. Αντιθέτως, στην τέχνη της πειθούς, η λεπτότητα έγκειται στο να ξέρεις τι πρέπει να αφήσεις. Προετοιμάζοντας την ομιλία σας, θα έχετε προβλέψει τα πιθανά σημεία εμπλοκής και θα έχετε προσδιορίσει τα περιθώρια ελιγμών που αφήνετε στον εαυτό σας όταν προκύπτουν αυτές οι ευαίσθητες πτυχές.

Για παράδειγμα, αν θέλετε να αναπτύξετε μια νέα στρατηγική επικοινωνίας για την ένωσή σας, θα επιχειρηματολογήσετε καταγράφοντας τα χαρακτηριστικά της. Ωστόσο, μπορεί να είναι πιθανό ότι ορισμένες μέθοδοι, διαδικασίες ή δράσεις δεν ταιριάζουν στο προσωπικό σας για τον ένα ή τον άλλο λόγο. Η ιδέα του να αφεθείτε ελεύθεροι είναι να τους αφήσετε να βρουν λύσεις στις δικές τους αντιρρήσεις, διατηρώντας παράλληλα τον κύριο στόχο υπό τον έλεγχό σας: να υιοθετήσετε μια νέα στρατηγική επικοινωνίας.

Η κλασική σύγκριση σε αυτή την περίπτωση είναι αυτή των αρχών που ενυπάρχουν σε πολλές πολεμικές τέχνες: να καταφέρεις να χρησιμοποιήσεις την ενέργεια του παρτενέρ απορροφώντας την πρώτα και στη συνέχεια κάνοντας μια αποφασιστική κίνηση προς όφελός του. Σε ένα επιχείρημα, η ενέργεια του αντιπάλου σας έγκειται σε τυχόν αντιρρήσεις που μπορεί να διατυπώσει κατά τη διάρκεια της ομιλίας σας.

Έτσι, ενώ η ευελιξία και η ικανότητα να κάνετε παραχωρήσεις στον αντίπαλό σας σε μερικά δευτερεύοντα σημεία μπορεί να ενισχύσει το ήθος σας και να προωθήσει τον στόχο σας, η αντιμετώπιση των αντιρρήσεων και των σημαντικών παρατηρήσεων του αντιπάλου σας είναι ένα υποχρεωτικό και ουσιαστικό βήμα για να πείσετε. Ορισμένες συμβουλές θα σας βοηθήσουν σε αυτό το βήμα:

- Ορίστε εκ των προτέρων όρια στο χρόνο που μπορείτε να απαντήσετε, στον τόνο που μπορείτε να χρησιμοποιήσετε, στον αριθμό των αντεπιχειρημάτων και των απαντήσεων που μπορείτε να δώσετε. Με αυτόν τον τρόπο θα δημιουργήσετε ένα πλαίσιο εντός του οποίου θα μπορείτε να λειτουργείτε με αίσθημα ασφάλειας,

- μείνετε συγκεντρωμένοι στο πρόσωπο με το οποίο μιλάτε,

- υποδεχθείτε το αντεπιχείρημά του άνευ όρων, χωρίς κρίση ή προκατάληψη,

- να επαναδιατυπώνετε αυτά που λένε για να δείξετε ότι τους καταλαβαίνετε, ότι τους ακούτε και ότι εκτιμάτε την άποψή τους, ακόμη και αν διαφέρει από τη δική σας,

- συνδέστε την ένστασή τους με το σημείο που έθεσαν στην ομιλία σας, προκειμένου να δημιουργήσετε έναν τρίτο δρόμο και να ανακάμψετε. Μπορείτε να ξεκινήσετε την απάντησή σας με "δίκαια", "αυτό είναι καλό", "ακριβώς", "παρεμπιπτόντως".

Με αυτόν τον τρόπο, όχι μόνο ο συνομιλητής σας θα αισθανθεί ότι εκτιμάται επειδή λαμβάνετε υπόψη τη γνώμη του, αλλά θα μπορέσετε να τη χρησιμοποιήσετε για να εμπλουτίσετε τη δική σας επιχειρηματολογία, επιδιώκοντας παράλληλα τον αρχικό σας στόχο: να τον πείσετε.

Τελειώνοντας με κομψότητα

Έχετε φτάσει στο τέλος της επιχειρηματολογίας σας: όλες οι αντιρρήσεις έχουν αντιμετωπιστεί και ο συνομιλητής σας έχει πλέον πεισθεί από την παρουσίασή σας. Τους έχετε πείσει να σας ακολουθήσουν σε ένα έργο, να αγοράσουν ένα προϊόν ή μια υπηρεσία, να σας προσλάβουν ή να σας δώσουν αύξηση.

Σε αυτό το στάδιο, το μοιραίο σχεσιακό λάθος θα ήταν να πείτε "ευχαριστώ και αντίο". Ας μην ξεχνάμε ότι η πειθώ μπορεί να δημιουργήσει εσωτερικές εντάσεις (ασυνείδητες τις περισσότερες φορές) στον συνομιλητή σας, διότι, ακόμη και αν τον έχετε πείσει, να θυμάστε ότι στην αρχή ήταν στην καλύτερη περίπτωση χωρίς άποψη για το θέμα σας και στη χειρότερη σε πλήρη αντίθεση. Πράγματι, έχοντας κερδίσει την άποψή σας, μπορεί να αισθάνονται μια διάχυτη αίσθηση απογοήτευσης, ενοχής και πικρίας. Ο ρόλος σας σε αυτό το στάδιο είναι να ανακουφίσετε αυτό το συναίσθημα.

Η καλύτερη στρατηγική που πρέπει να υιοθετήσετε είναι η χαμηλή στάση, δηλαδή να παραμείνετε ταπεινοί απέναντι στην επιτυχία σας. Δώστε στον συνομιλητή σας σημαντικό ρόλο στο αποτέλεσμα που θα επιτευχθεί. Για παράδειγμα, δώστε τους την εντύπωση ότι χωρίς τον πλούτο των αντιρρή-σεών τους, δεν θα μπορούσατε να βρείτε την έμπνευση. Αυτό θα τους δώσει ξανά τον έλεγχο της κατάστασης, τον οποίο είχαν χάσει όταν συμφώνησαν στην ομιλία σας. Με αυτόν τον τρόπο, θα αποκαταστήσετε μια κάποια ισορροπία στη σχέση σας. Όχι μόνο θα έχετε πετύχει αυτό που θέλατε, αλλά ποιος ξέρει, ο συνομιλητής σας μπορεί να σας βοηθήσει να πείσετε και άλλους.

 Η ΡΩΜΗ ΔΕΝ ΔΗΜΙΟΥΡΓΗΘΗΚΕ ΣΕ ΜΙΑ ΜΕΡΑ

Ξεκινήστε από μικρά: η επιτυχία έγκειται στην κανονικό-τητα των ενεργειών πειθούς σας, οπότε εξασκηθείτε ξανά και ξανά. Βήμα-βήμα, μέρα με τη μέρα, οι τεχνικές σας θα γίνονται πιο εκλεπτυσμένες, η στάση του σώματός σας θα προσαρμόζεται, η αυτοπεποίθησή σας θα αυξάνεται και, τελικά, θα αισθάνεστε σαν ψάρι στο νερό όταν πρέπει να πείσετε.

ΚΟΡΥΦΑΙΕΣ ΣΥΜΒΟΥΛΕΣ

- Γράψτε την ομιλία σας καταγράφοντας τα επιχειρήματά σας στη μία πλευρά και τις πιθανές αντιρρήσεις του ακροατηρίου σας στην άλλη. Αυτό θα σας διευκολύνει να βρείτε τις σωστές απαντήσεις.

- Κάντε καλή είσοδο. Τα πρώτα 30 δευτερόλεπτα είναι απαραίτητα για τη δημιουργία κλίματος εμπιστοσύνης. Το κεφάλαιο της συμπάθειάς σας διακυβεύεται από την πρώτη εντύπωση και θα επηρεάσει την πορεία του επιχειρήματός σας.

- Εστιάστε στην παρούσα στιγμή ενεργοποιώντας τις πέντε αισθήσεις σας και συνδέοντάς τες με το περιβάλλον σας. Χρησιμοποιήστε την ίδια διαδικασία για να συνδεθείτε με τον εαυτό σας. Με αυτόν τον τρόπο θα εισέλθετε στην κατάσταση C.O.A.C.H.

- Αφού παρουσιάσετε την ομιλία σας, κάντε μια ανοιχτή ερώτηση στο πρόσωπο στο οποίο απευθύνεστε, ώστε να το αφήσετε να μιλήσει και να δείξετε ότι το ακούτε. Αυτό θα σας επιτρέψει επίσης να συγχρονιστείτε με το ηχείο.

- Να είστε ευέλικτοι με τους αρνητές. Σε γενικές γραμμές, αυτές οι προσωπικότητες αναζητούν αναγνώριση και ευγνωμοσύνη. Πηγαίνετε μαζί τους σεβόμενοι τον εαυτό σας και τα δικά σας όρια. Μπορεί να γίνουν ακόμη και οι πιο πιστοί συνεργάτες σας αργότερα.

- Διατηρήστε τον έλεγχο της σχέσης μέχρι το τέλος, ενώ αφήνετε το άλλο άτομο να νομίζει ότι έχει το πάνω χέρι. Εσείς καθοδηγείτε τη διαδικασία και τους αφήνετε να συζητήσουν το περιεχόμενο. Δώστε παραδείγματα. Αυτό θα βοηθήσει τον συνομιλητή σας να οπτικοποιήσει αυτό που λέτε και να το κατανοήσει ευκολότερα. Θα είναι σε θέση να προβάλουν τον εαυτό τους στις καταστάσεις που περιγράφετε και να τις βιώσουν εσωτερικά.

- Αποφύγετε την αποπλάνηση ή τον εκφοβισμό του ατόμου. Σε κάθε περίπτωση, θα αισθάνονται ανασφαλείς και το ένστικτό τους θα είναι να μην σας εμπιστεύονται.

- Να είστε σαφείς και να επιμένετε στο βασικό μήνυμα. Χρησιμοποιήστε απλές λέξεις και αποφύγετε την ορολογία που χρησιμοποιούν οι ειδικοί στον τομέα σας. Δεν υπάρχει τίποτα χειρότερο από το να ακούς κάποιον να διαφημίζει έναν υπολογιστή υψηλών επιδόσεων με τεχνικούς όρους σε κάθε πρόταση, όταν βρίσκεσαι στο στάδιο που πιστεύεις ότι ένα στικάκι USB μπορεί να ανοίξει μια αμερικανική θωρακισμένη πόρτα.

- Διασκεδάστε. Όλες οι τεχνικές που περιγράφονται εδώ θα λειτουργήσουν μόνο αν διασκεδάσετε με αυτές. Αν δεν είστε σε θετική διάθεση, είναι προτιμότερο να αναβάλλετε το επιχείρημά σας, καθώς ο συνεντευξιαζόμενος θα το νιώσει.

ΣΥΧΝΕΣ ΕΡΩΤΗΣΕΙΣ

ΠΟΙΑ ΕΙΝΑΙ ΤΑ ΒΑΣΙΚΑ ΣΤΟΙΧΕΙΑ ΓΙΑ ΕΝΑ ΕΠΙΤΥΧΗΜΕΝΟ ΕΠΙΧΕΙΡΗΜΑ;

Η βάση μιας αποτελεσματικής παρουσίασης πωλήσεων είναι η λεπτή ισορροπία μεταξύ του λόγου, του πάθους και του ήθους. Η ομιλία σας πρέπει να συνδυάζει γεγονότα, αριθμούς και συγκεκριμένα στοιχεία με στιγμές που απευθύνεστε στα συναισθήματα του συνομιλητή σας. Το θέμα είναι να τους διασκεδάσουμε, να τους προκαλέσουμε, να τους συγκινήσουμε, να τους εκπλήξουμε και να τους ανησυχήσουμε... και στη συνέχεια να τους καθησυχάσουμε και, τέλος, να τους οδηγήσουμε σε ένα ταξίδι έξω από τη νοημοσύνη τους. Συνδυάστε αυτή την προφορική εκπαίδευση με την προετοιμασία για τη γλώσσα του σώματος.

ΠΩΣ ΠΡΕΠΕΙ ΝΑ ΕΝΕΡΓΗΣΩ ΓΙΑ ΝΑ ΑΠΟΦΥΓΩ ΝΑ ΘΕΩΡΗΘΩ ΩΣ ΧΕΙΡΑΓΩΓΟΣ;

Χρησιμοποιήστε τη διαφάνεια και τη συνοχή. Ο συνομιλητής σας θα πρέπει να αισθάνεται αυτοπεποίθηση από τη στιγμή που θα συνάψετε σχέση μαζί του μέχρι τη στιγμή που θα φύγετε από τα μάτια του. Κατά τη διάρκεια αυτής της περιόδου, να είστε και να παραμένετε ο εαυτός σας. Μην παίζετε ρόλο και απαλλαγείτε από τις κοινωνικές μάσκες. Εκφράστε τα δικά σας συναισθήματα με τρόπο που να δημιουργεί ενσυναίσθηση στο άλλο άτομο. Οι χειραγωγοί συνήθως πνίγουν το θήραμά τους σε έναν κατακλυσμό πληροφοριών, προβάλλοντας τη ναρκισσιστική τους προσωπικότητα. Δεν ξέρουν πώς να ακούνε, επειδή δεν γνωρίζουν την ενσυναίσθηση. Αν δεν θέλετε να θεωρηθείτε εκμεταλλευτής, προσέξτε τι λέει και τι αισθάνεται ο άλλος πριν προσπαθήσετε να τον πείσετε για οτιδήποτε.

ΠΟΙΑ ΣΤΑΣΗ ΠΡΕΠΕΙ ΝΑ ΥΙΟΘΕΤΩ ΟΤΑΝ ΕΠΙΧΕΙΡΗΜΑΤΟΛΟΓΩ;

- Αν είστε όρθιοι, διατηρήστε τις κινήσεις σας ευέλικτες. Αν δεν ξέρετε τι να κάνετε με τα χέρια σας, αφήστε τα να μιλήσουν μαζί σας: θα προσαρμοστούν γρήγορα στον τόνο και τον ρυθμό ομιλίας σας.

- Αν βρίσκεστε μπροστά σε κοινό, σαρώστε όλη την αίθουσα με τα μάτια σας, εστιάζοντας σε μερικούς ανθρώπους στην τύχη. Κάθε άτομο θα αισθάνεται ότι του απευθύνεστε προσωπικά. Όταν πρόκειται για πειθώ, είναι ευκολότερο να πειστείτε όταν το μήνυμα φαίνεται να απευθύνεται απευθείας σε εσάς.

- Αν κάθεστε, κρατήστε μια όρθια και ενεργητική στάση. Μην κάθεστε πολύ πίσω στην καρέκλα ή την πολυθρόνα, ώστε να μην μπείτε στον πειρασμό να καμπουριάσετε και να χάσετε την ορμή και την πειστικότητα.

ΠΟΙΑ ΕΙΝΑΙ Η ΑΣΤΑΜΑΤΗΤΗ ΤΕΧΝΙΚΗ ΓΙΑ ΝΑ ΠΕΙΣΕΤΕ ΚΑΠΟΙΟΝ;

Χωρίς κανένα δισταγμό, ακούγοντας. Η ενεργητική, διεξοδική και ενσυναισθητική ακρόαση θα σας δώσει όλα τα στοιχεία που χρειάζεστε για να αναπηδήσετε με δεξιοτεχνία στη βάση των δικών σας επιχειρημάτων. Ακούγοντας τον συνομιλητή σας με προσοχή και ευγένεια θα του δώσετε σημασία, η οποία είναι ακόμη πιο θεμιτή, αφού ο στόχος σας είναι να τον πείσετε. Πράγματι, το να αισθάνεσαι ότι σε ακούνε είναι σαν να αισθάνεσαι ότι σε αναγνωρίζουν. Η αναγνώριση αποτελεί θεμελιώδη ανάγκη για κάθε ανθρώπινο ον. Μεταφέροντας αυτή την ανάγκη, τροφοδοτείτε την ανάγκη του συνομιλητή σας. Ως αποτέλεσμα, θα είναι πιο ανοιχτοί στα επιχειρήματά σας.

ΠΟΣΟ ΚΑΙΡΟ ΘΑ ΜΟΥ ΠΑΡΕΙ ΝΑ ΜΑΘΩ ΝΑ ΠΕΙΘΩ;

Στο τέλος αυτής της ανάγνωσης, έχετε πλέον όλα τα κλειδιά για να πείσετε αποτελεσματικά. Ωστόσο, με τον ίδιο τρόπο που μαθαίνετε να ετοιμάζετε μια quiche lorraine ή ένα gratin dauphinois διαβάζοντας μια συνταγή, βελτιώνεστε με την εξάσκηση της θεωρίας μέρα με τη μέρα. Σε αυτό το παράδειγμα, μπορείτε στη συνέχεια να προσθέσετε αυτό ή εκείνο το συστατικό, να μειώσετε ή ακόμη και να εξαλείψετε άλλα ανάλογα με τους καλεσμένους σας. Θα αφιερώσετε λίγο περισσότερο χρόνο στην προετοιμασία ή θα είστε πιο προσεκτικοί όταν μαγειρεύετε. Εν ολίγοις, θα προοδεύσετε στην πειθαρχία σας καθώς την εξασκείτε. Είναι η ίδια διαδικασία στην τέχνη της πειθούς. Πράγματι, το να ξέρεις πώς να επιχειρηματολογείς είναι εύκολο και γρήγορο, αλλά το να μπορείς να χρησιμοποιήσεις αυτό το εργαλείο με επιτυχία για να πείσεις κάποιον να συμφωνήσει με τη γνώμη σου χρειάζεται χρόνο και εξάσκηση.

Πάρτε όλες τις τεχνικές που είδατε σε αυτόν τον οδηγό και κάντε ακριβώς το αντίθετο. Επιλέξτε τη χειρότερη στιγμή για να συνομιλήσετε με τον συνομιλητή σας (όταν βιάζεται, όταν βγαίνει από μια τεταμένη συνάντηση, όταν βρίσκεται ανάμεσα σε δύο πόρτες ή κατά τη διάρκεια ενός διαλείμματος για φαγητό). Προετοιμαστείτε εκ των προτέρων και μπείτε αμέσως στην προσπάθεια πειθούς χωρίς να αφήσετε κανένα σχεσιακό χώρο για τον συνομιλητή σας. Πάρτε τον λόγο και κρατήστε τον εκεί μέχρι το τέλος. Αν προσπαθήσουν να ανοίξουν το στόμα τους για να πουν μερικά λόγια, κόψτε τους αμέσως. Αν καταφέρουν κατά λάθος να περάσουν ένα αντεπιχείρημα, εξηγήστε τους ότι δεν έχουν καταλάβει τίποτα και ότι έχετε δίκιο. Μείνετε σταθεροί στη θέση σας και μην παρεκκλίνετε ποτέ ούτε στο ελάχιστο. Σε περίπτωση που είναι αρκετά θρασύς για να επιμείνει, μη διστάσετε να βγείτε από τη γραμμή για να εδραιώσετε λίγο περισσότερο την εξουσία σας: ποιος είναι το αφεντικό; Μπράβο σας, δεν καταφέρατε να τον πείσετε αριστοτεχνικά!

Πριν εφεύρει τον λαμπτήρα πυρακτώσεως, ο Τόμας Έντισον (Αμερικανός εφευρέτης και επιστήμονας, 1847-1931) είπε: "Δεν απέτυχα. Απλώς έχω βρει 10.000 λύσεις που δεν λειτουργούν. Η αποτυχία είναι απλώς μια προοπτική μιας κατάστασης. Αν δεν καταφέρατε να πείσετε τον άλλον, υπάρχουν τέσσερις πιθανές αντιδράσεις:

- αυτομαστιγώνεστε λέγοντας στον εαυτό σας ότι ήσασταν αξιολύπητοι και ότι ο συνεντευξιαζόμενος ήταν ούτως ή άλλως πολύ δυνατός για εσάς. Στην πραγματικότητα, ακόμη και κατά τη διάρκεια της συνέντευξής σας, νιώθατε πολύ μικρός σε σύγκριση με αυτόν,

- αμφισβητείτε τα πάντα, τα επιχειρήματά σας, τη στάση σας, το χάρισμά σας, τις ικανότητές σας κ.λπ. Ταυτόχρονα, υποτιμάτε τον συνομιλητή σας χαρακτηρίζοντάς τον με μια σειρά από ελαττώματα,

- Δεν καταλαβαίνεις πώς αυτός ο συνομιλητής που περιφρονείς μπόρεσε να αντισταθεί στη δύναμη της πειθούς σου, εσύ που νόμιζες ότι ήσουν στην κορυφή του παιχνιδιού σου,

- Βλέπετε αυτή τη συνέντευξη ως μια εμπλουτιστική εμπειρία και εκμεταλλεύεστε τα αντεπιχειρήματα του συνεντευκτή σας για να βελτιώσετε την ομιλία σας, διότι, σίγουρα, αυτή η αποτυχία σας έδωσε επιπλέον κίνητρο για να προσπαθήσετε να τον/την πείσετε την επόμενη φορά. Αισθάνεστε ακόμη και ευγνωμοσύνη απέναντί τους που σας επέτρεψαν να προοδεύσετε.

Είναι στο χέρι σας να επιλέξετε την οπτική γωνία που σας φαίνεται πιο εποικοδομητική...

Υπάρχουν πολλά είδη επιχειρημάτων. Συνεπώς, ο παρακάτω κατάλογος δεν είναι εξαντλητικός.

- **Τα έγκυρα επιχειρήματα** αναφέρονται σε εμπειρογνώμονες, διάσημους ανθρώπους ή αυθεντίες που αναγνωρίζονται από τον ομιλητή. Αναφέροντάς τους, προσθέτετε αξία στα επιχειρήματά σας.

- **Τα επιχειρήματα κατ' αναλογία** περιλαμβάνουν τη σύγκριση μιας κατάστασης με μια άλλη προκειμένου να υποστηρίξει κάποιος το επιχείρημά του.

- **Τα επιχειρήματα διαμόρφωσης** παρουσιάζουν την πραγματικότητα ενισχύοντας ή ελαχιστοποιώντας ορισμένες πτυχές, προκειμένου να τονιστεί η άποψη του καθενός.

- **Τα κοινοτικά επιχειρήματα** βασίζονται σε κοινές αξίες, σε απόψεις που γίνονται αποδεκτές από την πλειοψηφία. Ένα άτομο που δεν ξέρει τι να σκεφτεί θα τείνει να ακολουθεί τη γνώμη της κοινότητας.

ΕΞΑΡΤΑΤΑΙ ΑΠΟ ΕΣΑΣ

ΜΑΘΕΤΕ ΝΑ ΣΥΓΧΡΟΝΙΖΕΣΤΕ

Στο δρόμο ή καθισμένοι σε μια βεράντα, παρατηρήστε τις ομάδες γύρω σας που γευματίζουν ή συζητούν. Σημειώστε τη στάση, τη στάση του σώματος, τις εκφράσεις του προσώπου, τον τόνο και το ρυθμό της φωνής τους. Θα πρέπει να παρατηρήσετε μια ορισμένη αρμονία, σαν μια ασυνείδητη μίμηση μεταξύ αυτών των διαφορετικών ανθρώπων.

Είναι στο χέρι σας τώρα: όταν βρίσκεστε στην παρέα ενός γνωστού σας ή κάποιου κοντινού σας προσώπου, υιοθετήστε τις ίδιες συμπεριφορές με αυτές που κάνει, αντιγράψτε τη φωνή του κ.λπ. Μετά από λίγα λεπτά, αλλάξτε συνειδητά και ελαφρώς τη στάση ή τη συμπεριφορά σας. Θα εκπλαγείτε αν παρατηρήσετε ότι το άτομο στο οποίο μιλάτε θα σας ακολουθήσει φυσικά, θα συγχρονιστεί μαζί σας.

ΕΞΑΣΚΗΣΗ ΕΝΕΡΓΗΤΙΚΗΣ ΑΚΡΟΑΣΗΣ

Όταν μιλάτε με κάποιον, κάντε μόνο ερωτήσεις ανοιχτού τύπου και επικεντρωθείτε στις απαντήσεις του. Πιθανόν να νιώσετε την ανάγκη να πείτε τη γνώμη σας, να μοιραστείτε μια εμπειρία σας, εν ολίγοις να μιλήσετε για τον εαυτό σας, αλλά αντισταθείτε στον πειρασμό! Στο τέλος της απάντησής τους, πάρτε ένα μέρος της ιστορίας τους και διατυπώστε μια νέα ανοιχτή ερώτηση σχετικά με το στοιχείο αυτό. Συνεχίστε να το κάνετε αυτό μέχρι ο συνομιλητής σας να σας κάνει μια νέα ερώτηση. Τότε θα έχετε επιτύχει σε αυτή την άσκηση.

ΓΙΑ ΝΑ ΠΡΟΧΩΡΗΣΕΤΕ ΠΕΡΑΙΤΕΡΩ

ΒΙΒΛΙΟΓΡΑΦΙΚΕΣ ΠΗΓΕΣ

ARISTOTLE, *The Rhetoric*, CreateSpace Independent Publishing Platform, FB Editions, 2015.

AUBENQUE (Pierre), *La prudence chez Aristote*, Παρίσι, PUF, 1963.

Σεμινάριο coaching με τον Robert Dilts, διεθνή εκπαιδευτή και ειδικό του NLP.

Luminet (Olivier), *Psychology of Emotions*, Louvain-la-Neuve, De Boeck, 2013.

ROGERS (Carl), *Η ανάπτυξη του ατόμου*, Παρίσι, InterÉditions, 2005.

ΠΡΟΣΘΕΤΕΣ ΠΗΓΕΣ

BELLENGER (Lionel), *La force de persuasion. Du bon usage des moyens de persuader et de convaincre*, Paris, ESF Éditeur, 2011.

BRETON (Philippe), *Convaincre sans manipuler*, Παρίσι, La Découverte, 2015.

Cialdini (Robert), *Influence et manipulation*, Paris, First éditions, 2004.

JOULE (Robert-Vincent) and BEAUVOIS (Jean-Léon), *Petit traité de manipulation à l'usage des honnêtes gens*, 3e edition, Grenoble, PUG, 2014.

Nivoix (Marie-Claude) και LEBRETON (Philippe), *L'art de convaincre. Du bon usage des techniques d'influence*, Παρίσι, Eyrolles, 2013.

Η δικτυακή πύλη του Christophe Peiffer
www.leblogdesrapportshumains.fr

Zénoni (Gérard), *Tais-toi, je t'écoute… Sortez gagnant des situations difficiles par les mots, les gestes… et le silence!* Παρίσι, Pocket, 2009.

MASLOW'S
HIERARCHY
OF NEEDS

Personal
accomplishment
Esteem
Belonging
Security
Physiologic

THE SWOT
ANALYSIS

Strengths Weaknesses
SWOT
Opportunities Threats

Ο εκδότης διασφαλίζει την αξιοπιστία των πληροφοριών που δημοσιεύονται, η οποία όμως δεν μπορεί να αποτελέσει ευθύνη του.

Κύριο ISBN: 9782808664455
ISBN: 9782808671873
Νόμιμη κατάθεση: D/2023/12603/509

Ψηφιακός σχεδιασμός: Primento,
ο ψηφιακός συνεργάτης των εκδοτών.